LESE SCHULE

Ausgabe Schweiz

von
Marianne Franz und Silvia Regelein
unter Mitarbeit von Gertrud Meyer

illustriert von
Janosch, Ute Krause und Wolfgang Rudelius

SCOLA Oldenbourg

Wo ist der Bär ?
Wo ist der Tiger ?

Es waren einmal
ein kleiner Bär und
ein kleiner Tiger.

Die lebten unten am Fluss
neben dem grossen Baum.
Und sie hatten auch ein Boot.

Sie wohnten
in einem kleinen, gemütlichen Haus
mit Schornstein.

„Uns geht es gut", sagte der kleine Tiger,
„denn wir haben alles
und wir brauchen uns vor nichts zu fürchten.

Weil wir nämlich auch noch stark sind.
Ist das wahr, Bär?"

„Jawohl", sagte der kleine Bär,
„ich bin stark wie ein Bär
und du bist stark wie ein Tiger.
Das reicht."

Janosch

Ich bin der Bär.

Ich bin .

Ich bin der Tiger.

Ich bin .

Ich bin Ina.

Ich bin .

A a

Ich bin Ina.

Ich mag

Ich bin Ali.

Ich mag

Ich mag dich, Tiger.

Ich mag dich, Bär.

L l

Ina sucht I .
Ali sucht A .
Lili sucht L .

Ali sucht A und L und I .
Wo ist A ?
Wo ist L ?
Wo ist I ?

Lili sucht

L und i und l und i .

Tina sucht …

Und du? Was suchst du?

Der kleine Bär
ging jeden Tag mit der Angel fischen.

Und der kleine Tiger
ging in den Wald Pilze suchen.

Der kleine Bär
kochte jeden Tag das Essen.
Denn er war ein guter Koch.

Janosch

U u

Uli sucht Ina.
Lili sucht Ina.

Ulla sucht Ali.
Tiger sucht Bär.

T t

Till sucht .

Wo ist der Tiger?

Ist der Tiger ?

Ist der Tiger ?   Der Tiger ist …

Ich schreibe auch eine Tiger-Geschichte.

Einmal sagte der kleine Bär:
„Wo gehst du denn hin, Tiger?"

„In die Schule", sagte der kleine Tiger.

 „Was tust du denn in der Schule?",
fragte der kleine Bär.

„Lernen."

„Was willst du denn lernen, Tiger?"

„Schnarchen, brummen und pfeifen."

 „Oh, dann komme ich aber mit",
rief der kleine Bär.
„Da bin ich hochbegeistert."

Und so gingen sie zusammen
in die Schule für kleine Tiere.

Janosch

N n

Nina sucht die .
Till sucht die DIE POST.
Nina und Till suchen die 🚏.

O o

Einmal sagte der kleine Tiger zum kleinen Bären:
„Komm, wir gehen in die Stadt
und ich zeige dir,
wie man über die Strasse gehen muss.
Ich bin heute deine Mutter."
„Oh ja", rief der kleine Bär,
„da bin ich hochbegeistert."

Bis zur Stadt war es nicht weit.
Vorn ging der kleine Tiger,
hinten der kleine Bär.

Riesenverkehr von allen Seiten!

Und da standen sie dann und wussten nicht,
wie sie über die Strasse gehen sollten.

Die Autos rasten
von links nach rechts
und von rechts nach links,
keine Rettung in Sicht.

Da kam aber Herr Bibernasel
und sagte:
„Am besten könnt ihr
über die Strasse gehen
bei einer Ampel, Jungs."

Weil es aber lange keine Fussgängerampel
und keinen Zebrastreifen gab,
mussten sie bei den parkenden Autos
über die Strasse gehen.

„Jungs", sagte eine gute Frau,
„wenn ihr zwischen den parkenden Autos
über die Strasse gehen müsst,
dann müsst ihr so weit nach vorne gehen,
bis ihr die Fahrbahn ganz überblicken könnt.
Dann stehen bleiben und sich umschauen."

„Jawohl: Der Bär ist nicht dumm
und schaut sich erst um."

Janosch

E e

 Lisa: Es ist mit .

 Elisa: Es ist der Esel.

Es ist mit .

 Toni: Es ist die Ente.

Es ist .

 Anna: Es ist …

Es ist und ist im .

 Enno: Es ist …

Es ist mit .

Rate, rate und rate!

R r

Es ist rot.
Ist es die Rose?

Es ist rot und rund.
Ist es ...?

Es ist rot und rund und es rollt.
Es ist rot und rund und es rasselt.

Ist es ...?
Ist es ....?

Teller
Rose
Trommel
Taler
Sonne
Torte
Tomate
Rassel

D d

Die Wunderdose

Die Dose ist für dich.

Danke, Omi, danke!

W w

Was ist in der Dose?

Du wirst
dich wundern.

Was tut man mit dem 🗡?

Nimm es, wenn du 😟.
Wer das 🗡 findet, soll mit dir reden.

Wo ist Sinas 🗡?
Mit wem will Sina reden?

Sina will mit Dino reden.
Er ist immer so wild.

Mit wem willst du reden?

F f

Ina, Damian und Flora falten und malen für das Lesefest.

Eintritt frei!

Ei ei

Die Eltern lesen mit und feiern mit.

Meise

mein

Eisen

leise

Seil

Leiter

Eis

Reiter

Die Eltern raten.
Die Eltern reimen.
Wer findet Reime?

Eine Mutter filmt alles.
Alle finden das Fest toll.

Einmal sagte der kleine Tiger zum kleinen Bären:
„Soll ich dir mal was sagen?
Ich brauche dringend ein Fahrrad."
„Wozu brauchst du dringend ein Fahrrad?",
fragte der kleine Bär.

„Erstens muss ich akrobatisch durch die Gegend kurven",
rief der kleine Tiger.
„Zweitens muss ich in die Ferne schweifen.
Und drittens muss ich meine Braut besuchen.
Maja Papaya."

Da rief der kleine Bär:
„Kommt nicht in die Tüte,
Rad fahren ist viel zu gefährlich.

Du bist doch ein Tausendsassa.
Du würdest durch die Strassen rasen
wie eine wilde Hummel – und dann rrrr – kommt
ein Auto von hinten und du schaust dich nicht um.
Abgelehnt, mein lieber Tiger, abgelehnt.
Kein Fahrrad und basta aus."

Ab sofort hatte der Tiger keine Lust mehr zu essen
und am liebsten hatte er auch keine Lust mehr zu leben.

Da ging der kleine Bär zum grossen, dicken Waldbär
und sagte: „Der kleine Tiger will ein Fahrrad.
Ich sage, das kommt nicht in die Tüte,
denn das ist viel zu gefährlich.
Und was sagst du?"

„Und ich sage, es kommt in die Tüte",
brummte der grosse, dicke Waldbär.

Janosch

P p

Mein Papa

Papa ist Pilot

Tierarzt Dr. Wunder

Mein Papa ist …

Mein Papa mag …

Mein Papa sucht …

Mein Papa …

Tipsi

Peter

Pia

Pf pf

Pippi

Das ist Pippi

mit den roten .

Das ist Pippis

mit dem Apfel .

Dort ist Pippi alleine

mit einem Pferd

und dem Affen Nilsson.

Pippis Papa ist Seemann.

Wer ist mein Papa?

K k

Konnis Kalender

MO	KINDERTURNEN
DI	Musik
MI	Malkurs
DO	Karate
FR	
SA	Mit Opa ins Kino
SO	

KINO
die DINOS kommen

Mo Kiki kommt.

KATINA 1031269

KINDERFEST

Was denkt Nicki?

ck

Kommissar Knack, kommen Sie sofort!

Nun das Wetter.

Flecki entfernt sofort Dreck und alle Flecken!

Diese Flocken sind so lecker!

Krokodile am Nil

Mit einem Trick sind die Socken sofort trocken!

Tolle Locken mit Locklack!

Doof!

Toll! Das merke ich mir!

Au au

Kauf ein im Reimemarkt!

Das findest du:

eine 🐭 für Klaus,

einen 🦚 für die Frau,

ein Pfund Kraut für Frau Traut,

eine 🧱 für Till Sauer,

eine Fackel für den 🐕,

für Anne eine 🫖,

eine Wanne und eine Tanne.

nach Friedl Hofbauer

Und was soll ich kaufen?

Im Supermarkt

B b

Frau Tauber ruft: Nein, basta!

Britta bettelt: Bitte, bitte, Mami! Kauf mir Biskuits!

Boris: Ich will aber einen Lolli!

Sabine: Ich mag Bonbons!

Boris mault: So ein Mist!

Als der kleine Tiger Geburtstag hatte,
kamen fast alle Tiere des Waldes, ihm zu gratulieren.

„Ich schenke dir eine Mütze",
sagte der Mann mit der langen Nase,
„denn eine Mütze wärmt."

„Ich schenke dir eine Mücke", quakte der Frosch,
„denn Mücken sind meine Leibspeise."

„Ich schenke dir ein Küsschen",
sagte Maja Papaya mit dem blauen Zopf,
„denn ich liebe dich."

Aber der grosse, dicke Waldbär, die Tante Gans
und der kleine Bär schenkten ihm zusammen
ein Tigerbikel-Fahrrad.

„Oh, Mann", sagte der kleine Tiger,
„das ist ja die totale Sause.
Ich danke euch von Herzen."

Und der kleine Bär
schenkte ihm
einen Fahrradhelm extra.

Janosch

45

H h

Hundert
Hundert Hasen
Hundert Hasen hoppeln
Hundert Hasen hoppeln hin
Hundert Hasen hoppeln hin und her.
Her und hin hoppeln hundert Hasen.

| Ober | poppel | hoppel | hase |

Oberpoppelhoppelhase
hoppelt in dein Haus,
hoppelt wieder raus
und du bist aus.

Dagmar Binder

Hinterm Haus hocken hundert Hasen.
Hundert Hasen rasen auf dem Rasen.
Hundert Hamster hamstern Hafer.

Hallo, hier ist Hasi.

ie

Frau Liese wohnt neben Herrn Riese.
Herr Riese hat einen
den Hahn Frieder.

Frau Liese murrt:
Ihr Hahn 🐓.

Herr Riese antwortet.
Na und! Eine 🐈 miaut. Ein 🐕 bellt.
Und Frieder 🐓.

Frau Liese antwortet:
Eine 🐈 miaut leise,
ein 🐕 bellt nur, wenn einer kommt.
Aber Frieder 🐓 immer um 🕒 Uhr,
und wie.
Er weckt alle auf.
Ich will aber bis sieben Uhr 🛏.
Ihr Hahn darf erst um sieben Uhr 🐓.

Krach im Dach

Mein Onkel Paul hat ein altes Bauernhaus.
Manchmal darf ich ihn besuchen.
Einmal krachte es mitten in der Nacht.
Ich wachte auf und machte Licht.
Da kam auch Onkel Paul:
„Ist alles o.k.?
Ich sehe nach, woher der Krach kam.
Kommst du mit, Micha?"

Uuuu, wie unheimlich!

V v

Verena will sich mit David und Eva treffen.
Niemand soll wissen, wo.
Sie malt eine Nachricht.

⊙▦ ▢🗵◊ ▢⊠◊ △⊟◊

⊙⊖⊡⊟🗵 ▢🗵⊖⊖⊙

Vielleicht kannst du die Nachricht lesen?
Versuche es.

Verraten verboten!

Ä ä Ö ö Ü ü

Wenn der Bär nach Hause kommt

Wenn der Bär nach Hause kommt,
dann kommen alle her,
denn immer hat er was dabei
und manchmal auch noch mehr.

★

Wenn der Bär mal müde ist,
dann hüpft er in sein Bett.
Die Bärin holt sein liebstes Buch
und das ist doch sehr nett.

★

Wenn er nichts zu fressen hat,
dann sucht der Bär sich Futter.
Und wenn er selbst nichts finden kann,
dann holt er seine Mutter.

nach Frantz Wittkamp

Wenn der Bär mal böse ist,
dann ...

Wenn der Bär mal Äpfel holt,
dann ...

Wenn der Bär mal Flöhe hat,
dann ...

Kennst du diese Bären?

Und was für ein Bär bin ich?

Braunbären ruhen im Winter in einer Höhle.
Dort kommen auch die kleinen Bären auf die Welt.
Sie sind so klein wie Ratten.

Pandas fressen Bambus.
Deshalb können sie nur dort leben, wo Bambus wächst.
Man nennt sie auch Bambusbären.

Der kleine Koala bleibt immer bei seiner Mutter.
Er reitet auf ihrem Rücken.
Sie nimmt ihn überall mit hin.

Ist der Koala auch ein Bär?

Sch sch

Schenk mir eine Schlenkerpuppe!

Du brauchst:

2 Bierdeckel
oder Karton

Stoffreste

Wollreste

2 Knöpfe
oder dicke Perlen

Schnur

So kannst du eine Schlenkerpuppe basteln:

①

- Bohre 2 Löcher in einen Bierdeckel.
- Schiebe eine Schnur durch die Löcher.
- Male ein ☺ und klebe es auf den Bierdeckel.
- Klebe Wollhaare an.

52

②
- Klebe Stoff auf den anderen Bierdeckel.
- Bohre drei Löcher in den Bierdeckel.
- Knote den Kopf und die Schlenkerbeine fest.

③
- Schreibe einen Wunsch auf.

Sabine Lohf

Einmal kam der kleine Tiger
aus dem Wald gehumpelt,
konnte nicht mehr gehen,
nicht mehr stehen und fiel um.
Legte sich unterwegs,
mitten auf der Wiese,
einfach auf die Erde.

Sofort kam der kleine Bär gelaufen und rief:
„Was ist, Tiger, bist du krank?"
„Oh ja, ich bin so krank",
rief der kleine Tiger,
„ich kann fast nichts mehr bewegen."
„Halb so schlimm", sagte der kleine Bär,
„ich mach dich gesund."

„Wo tut es dir denn ungefähr weh?",
fragte der kleine Bär. „Zeig mal!"
„Hier", sagte der kleine Tiger
und zeigte zuerst auf die Pfote.
„Und dann hier die andere Pfote.
An den Beinen auch
und vorn und hinten
und rechts und links
und oben und unten."

„Überall?", fragte der kleine Bär.
„Dann muss ich dich tragen."
Und er trug ihn nach Haus.

„Du musst mich aber verbinden", rief der kleine Tiger.
„Jawohl, ganz klar", sagte der kleine Bär.

Als der kleine Tiger verbunden war,
ging es ihm schon ein wenig besser.
Aber dann ging es ihm wieder ein wenig schlechter,
denn er hatte Hunger.
„Ich koch dir was Dolles", sagte der kleine Bär,
„sag mir doch mal deine Leibspeise!"

Janosch

G g

Geisterverse

Dem Geist erschien ein Gummibär
und fragte ihn, wie spät es wär.

Dem Geist erschien ein Murmeltier,
das schlief bis nachmittags um vier.

Dem Geist erschien ein Elefant,
worauf der Geist im Schrank verschwand.

Dem Geist erschien ein Krokodil,
worauf der Geist in Ohnmacht fiel.

Dem Geist erschien

ein Känguru   ein Trampeltier   ein Gockelhahn

Oliver kocht

Oliver liebt Geister,
Monster und Vampire.

Er hat eine tolle Idee.
Er macht ein Geister-Essen
für Vanessa und Papa.

Er braucht dafür:
Brot
Tomaten
Gurken
Salat
Wurst
Butter
harte Eier
Senf

Dann kocht er noch
einen Vampir-Pudding.
Auf der Packung findet er
die Anleitung.
Auf den Pudding
kommt roter Sirup.

Vanessa ruft: „Ich habe Hunger!"
Papa fragt: „Dauert es noch lange?"

Ich mag lieber Tiger-

ng

J j

Jans Jacke

Nach der Schule kann Jan seine Jacke nicht finden.

„Hast du meine Jacke gesehen?", fragt er Anja.

„Nein", sagt Anja.

„Hast du meine Jacke gesehen?", fragt er Jasmin.

„Nein", sagt Jasmin.

„Hast du meine Jacke gesehen?", fragt er Julia.

„Nein", sagt Julia. „Oder doch. Schau mal dort! Hat Jonas nicht deine Jacke an?"

Ist deine Jacke blau?

Hat deine Jacke Knöpfe oder …?

Ist deine Jacke …?

Wie heisst das Tier?

Es ist nicht gross.
Es ist sehr schnell.
Es hat keine tausend Füsse.

Weisst du seinen Namen?

Wie heisst die Blume?

Sie hat grosse, gelbe Blüten.
In den Blüten ist süsser Saft.
Der Hase frisst sie gern.
Sie heisst auch Hasensalat
oder Pusteblume.

Weisst du ihren Namen?

Weisst du auch ein Rätsel?

St st ☆   Sp sp 🕷

"Pass auf! Spring höher."

"Was spielt ihr da?"

"Hoffentlich schaffe ich es!"

"Prima, Stella!"

Spass oder Streit?

"Hau doch ab!"

"Das war doch nur Spass!"

"Das stimmt nicht!"

"Du bist gemein!"

"Immer Steffi!"

War es nur Spass? Sucht Steffi Streit? Warum stört Steffi?

Streit, Streit, Streit,
es ist sehr schnell so weit …

Julia spielt mit
Lukas, Anna und Jonas
hinter dem Haus.
Sie spielen Fussball.
Lukas ist Torwart.
Julia rennt mit dem Ball.
Anna will sie stoppen.
Julia fällt hin.
Anna schiesst ein Tor.

Julia schreit: „Das war kein Tor!"
Lukas brüllt: „Elfmeter!"
Jonas hält zu Anna.
„Das Tor gilt!"
Lukas schnappt sich den Ball.

Eu eu

Abenteuer

Da kommt
das kleine Känguru aus der Tür,
mit einem Koffer in der Hand.

„Nanu", sagt seine Mutter.
„Willst du verreisen?"

„Ja. Ich will Abenteuer erleben",
sagt das kleine Känguru.

Die Mutter fragt:
„Und dafür braucht man
einen Koffer?"

„Da ist alles drin,
was man für ein Abenteuer braucht",
sagt das kleine Känguru.

Es öffnet den Koffer.
„Schau mal: ein Seil,
ein Feldstecher
und eine Taschenlampe!"

„Viel Spass!", sagt die Mutter.
„Und geh nicht weit weg.
Um halb eins gibt es Mittagessen."

Erst hüpft das kleine Känguru
bei seiner Freundin vorbei,
der Springmaus.
Abenteuer erlebt man nämlich
am besten mit Freunden.
„Hallo, Springmaus", sagt es.
„Wir gehen gemeinsam auf Abenteuer."

Paul Maar

C c

Geschichten von uns

Ich wollte so gerne schwimmen lernen.
Ich hab mich aber nicht getraut.
Da hat Carolin mit mir geübt.
Nun kann ich es.

Fatma

Ich habe ein neues Computerspiel.
Ich könnte immer damit spielen.
Aber ich darf nicht.

Claudia

Als wir in die Ferien geflogen sind,
durfte ich mit meinem Bruder
Marco ins Cockpit.

Rocco

Ch

Das ist Christians Geschichte:

Ich war in den Ferien bei Opa Christoph
auf dem Bauernhof.
Wir haben gerade Pferdeäpfel gesammelt.
Da rannte meine Schwester Jessica vorbei.
Sie fragte: „Was macht ihr mit dem Mist?"

Opa sagte:
„Der kommt auf die Erdbeeren."

„Was, auf die Erdbeeren?", staunte Jessica.
„Wir tun immer Schlagrahm darauf."

Ich hab in China echte Pandas gesehen!

X x

Alte Hex von Binsen,
koch mir gute Linsen,
aber nicht zu dicke,
dass ich nicht ersticke!

Eins, zwei, drei,
vier, fünf und sechs,
hinaus, hinaus,
du kleine Hex!

Brix, brax, brex,
spring, kleine Hex!

Wumbalada, wumbalada,
wumbalada wiste.
Hexamine, Examine,
ulla abalaba mine,
pi pele oktenta,
po, no, tektenta.

Y Y y

Alex und Yvonne hören gern
Geschichten von Hexen.
Die sind so schön lustig
und ein bisschen gruselig.

Alex und Yvonne kuscheln sich
dann aneinander
und Yvonne hält ihren Teddy fest.
Der Teddy ist schon alt.
Aber Yvonne mag ihn
und braucht ihn auch beim Einschlafen.

Ich brauche keinen Teddy.
Ich mag Maja Papaya
mit dem blauen Zopf.

Z z

Wem tut kein Zahn weh?

Heute hatte Arbeit,
fast zu viel,
Tierzahnarzt Max Halifax.
Tiger, Zebra, Krokodil,
Bär, Hirsch, Frosch,
Kalb, Fuchs und Dachs,
Nilpferd, Pony,
Has und Reh
kamen an:
„Ein Zahn tut weh!"

So riefen sie
und klagten sehr.
Einer hat gelogen.
Wer???

Josef Guggenmos

Ich hab nicht gelogen!

tz

Morgens, abends,
nach dem Essen
Zähneputzen nicht vergessen!

Ich	nach	meine	von
Weiss.	putze	Rot	Zähne

Ich	mit	viel	meine
sehr	Fleiss.	putze	Zähne

Morgens, wenn ich früh aufsteh,
abends, wenn zu Bett ich geh,

weiss	ich	Schnee.	Zähne
putz	wie	so	meine

Zähneputzen
ist von Nutzen!

Äu äu

Eine Mäuse 🐭 kinder 🐭 geschichte

Eine Maus hat im Sommer Kinder gekriegt,
fünf kleine Mäuschen.

Die Mäusemutter hat ihren Kindern
Namen gegeben.

Das erste   Kind hat sie   Knabbereins genannt.
Das zweite Kind hat sie   Knabberzwei genannt.
Das dritte Kind hat sie   Knabberdrei genannt.
Das vierte Kind hat sie   Knabbervier genannt.
Das fünfte Kind hat sie   Knabber…

Reingelegt! Reingelegt!
Das fünfte Kind hat sie Knabbermäuschen genannt.
Denn die Mäusemutter
hat nur bis vier
zählen können.   *Elisabeth Stiemert*

Ich wär auch gern ein Tigermäuschen!

70

Qu qu

Das neue Haustier

Was bringt denn Quirin da nach Haus?
Ein Haustier, eine weisse Maus!

Seine Mama quält das sehr:
„Diese Maus kommt hier nicht her!"

Doch Quirin kümmert sich nicht drum,
die Maus läuft kreuz und quer herum.

Nur einmal schaut nun Quirin weg,
da schlüpft die Maus in ein Versteck!

Spurlos bleibt sie dann verschwunden
und keiner hat die Maus gefunden.

Doch bald kommt sie von selbst zurück,
doch nicht allein – mit Mutterglück!

Einmal, als der kleine Bär wieder zum Fluss angeln ging,
sagte der kleine Tiger:
„Immer, wenn du weg bist, bin ich so einsam.
Schreib mir doch mal einen Brief aus der Ferne,
damit ich mich freue, ja!"

„Ist gut", sagte der kleine Bär
und nahm gleich blaue Tinte in einer Flasche mit,
eine Vogelfeder, denn damit kann man gut schreiben.
Und Briefpapier und einen Umschlag zum Verkleben.

Unten am Fluss hängte er zuerst einen Wurm an den
Haken und dann die Angel in das Wasser.

Dann nahm er die Feder und schrieb mit der Tinte auf das Papier einen Brief:

> Lieber Tiger!
> Teile dir mit, dass es mir gut geht,
> wie geht es dir? Schäle inzwischen
> die Zwiebeln und koch Kartoffeln,
> denn es gibt vielleicht Fisch.
> Es küsst dich dein Freund Bär.

Dann steckte er den Brief in den Umschlag und verklebte ihn.

Abends nahm er den Fisch und den Eimer,
die Tinte und die Feder und auch gleich den Brief mit
und ging nach Haus.

Er rief schon aus der Ferne vom kleinen Berg herunter:
„Po-st-für-den-Tiger!
 Po-st-für-den-Tiger!"

Aber der kleine Tiger hörte ihn nicht,
weil er hinter dem Haus lag.
Hatte keine Zwiebeln geschält und keine Kartoffeln gekocht.
Hatte zu nichts Lust gehabt, weil er wieder so einsam war.

Und jetzt wollte er keinen Brief mehr.

In der Nacht weckte der kleine Tiger
den kleinen Bären und sagte:
„Ich muss dir schnell noch etwas sagen,
ehe du einschläfst.
Könntest du mir morgen
den Brief etwas eher schicken?
Vielleicht durch einen schnellen Boten?"

Janosch

| Start | A a | B b | C c | D d |

Würfle und rücke vor.
Wenn du auf ein rotes Feld kommst,
darfst du vorlesen.

W

Als die jungen Wanderratten
keine Lust zum Wandern hatten,
blieben sie ganz lang im Bett
und fanden es dort auch sehr nett.

Z

In meinem kleinen Kinderbett,
da schläft ein Nilpferd, gross und fett.
Doch kaum hat mich das Tier gesehn,
da läuft es weg und du musst gehn!

M

Sieben Salamander
sind sauer aufeinander.
Sie sehen sich nicht an.
Nach sieben Tagen dann
sind die sieben Salamander
wieder glücklich miteinander.

Ziel — Z z — Y y

D

Was immer auch dagegen spricht,
ich bin ein kluges Tier.
Das Dumme ist, man merkt es nicht,
und niemand glaubt es mir.

| X x | W w | V v | U u | T |

E e   F f   G g   H h   I i   J j   K k   L l   M m   N n   O o

Qu

Der Tintenfisch mit fünfzehn Füssen
lässt seine Freunde herzlich grüssen.

B

Es war einmal ein Hase,
der bohrte in der Nase.
Da kam ein Elefant
und schlug ihm auf die Hand.

H

Es war einmal ein Affe,
der liebte 'ne Giraffe
und hat, um sie zu küssen,
am Hals hochklettern müssen.

T

Wütend wird der Tausendfuss,
wenn er Füsse waschen muss …
Bei zehntausend Zehen
kann ich das verstehen.

J

Es war mal eine Schlange,
und zwar 'ne ziemlich lange.
Die musst sich drehn und winden,
um ihren Schwanz zu finden.

t   S s   R r   Qu qu   P p

Die Geschichte vom kleinen Gespenst

Der 🌙 und die ⭐ scheinen

über der alten 🏰 auf dem Berg.

Oben im 🏰 wohnt das kleine 👻.

Das kleine 👻 nimmt seine 🕯

und steigt die Treppe hinab.

Das kleine 👻 öffnet jede 🚪,

guckt unter 🪑 und 🪑

und sogar hinter den Vorhang am 🪟.

Dabei ruft das kleine 👻 immer: „Huhuu!"

Aber nicht einmal eine 🐭 ist zu sehen.

Niemand fürchtet sich vor dem kleinen 👻.

Traurig hockt das kleine 👻 auf der Mauer

der alten 🏰 auf dem Berg.

Unten sieht das kleine 👻 viele 🏠🏠.

Hinter einigen 🪟 brennt noch 💡.

Da denkt das kleine 👻:

„Warum soll ich hier in der 🏰 spuken,

wo sich nicht mal eine 🐭 vor mir fürchtet?"

Also nimmt das kleine 👻 seine 🕯

und schwebt hinunter zu den 🏠🏠.

Das kleine 👻 läuft zum ersten 🏠,

doch die 🚪 ist verschlossen.

Das kleine 👻 läuft von 🏠 zu 🏠.

An einem grossen 🏠 hält das kleine 👻 an

und lehnt sich erschöpft an die 🚪.

Plötzlich gibt die 🚪 nach und geht auf!

Volkmar Röhrig

Hannes lässt die Fetzen fliegen

Hannes klingelt Sturm.
Er muss Mama
dringend etwas erzählen.
Etwas ganz Tolles.
Etwas Einmaliges.
Ein Zirkus kommt!

Hannes hat drei Plakate gesehen.
Ein richtiger Zirkus
war noch nie hier!
Mama öffnet die Tür.
„Pssst! Anna-Sofie schläft!
Was machst du denn
für einen Lärm?"

Mamas Stimme
klingt so ärgerlich,
dass Hannes schnell
eine Ausrede erfindet.
„Ich muss mal", sagt er
und verschwindet im Bad.
Dort schliesst er die Tür ab
und setzt sich auf den Klodeckel.

Anna-Sofie!
Immer und immer Anna-Sofie!
Für Mama gibt es
nichts anderes mehr!
Hannes wird ihr kein Wort
vom Zirkus erzählen.
Er wird mit Papa sprechen.

Papa ist gestern
für seine Firma
nach Berlin gefahren.
Morgen Abend
kommt er zurück.
Dann wird Hannes ihn
von der Bahn abholen
und unterwegs wird er ihm
die Plakate zeigen.

Mit Papa kann er reden.
Aber mit Mama?
Die hat keine Zeit mehr
für Hannes!
Vor vier Wochen
wurde Anna-Sofie geboren.
Seitdem ist Mama
nicht mehr dieselbe.

Anne Steinwart

Rote Tomaten

Rote Tomaten
und rote Radieschen,
rote Schuhe
für mich und Lieschen,
rote Spangen
in meinem Haar ...
Rot finde ich
einfach wunderbar.

Gelbe Mimosen
und gelbe Zitronen,
gelbe Kerne
in Honigmelonen,
gelbe Bänder
in meinem Haar ...
Gelb finde ich
einfach wunderbar.

Grüne Gurken
und grüne Bäume,
grüne Wiesen
voll grüner Träume,
grüne Blätter
in meinem Haar …
Grün finde ich
einfach wunderbar.

Blaue Trauben
und blaues Papier,
blauer Himmel
hoch über mir,
blaue Vergissmeinnicht
in meinem Haar …
Blau finde ich
einfach wunderbar.

Goldene Ringe
und goldene Worte,
goldene Zahlen
auf einer Torte,
goldene Sonne
in meinem Haar …
Gold finde ich
einfach wunderbar.

Ute Andresen

Winzig sucht seine Eltern

Winzig, der kleine Elefant, hatte seine Eltern verloren.
Zwei Schweine, die am Fluss lebten,
hatten ihn als Kind angenommen.

Winzig wusste inzwischen, dass die Schweine
nicht seine richtigen Eltern waren.
Aber das machte ihm nichts aus.
Die beiden Schweine hatten ihn nämlich sehr lieb.

Aber Winzig war es oft langweilig,
weil er keine Freunde hatte,
mit denen er spielen konnte.

Im Fluss lebten zwar Krokodile,
die auch einen Sohn in seinem Alter hatten.
Doch mit dem konnte Winzig nicht spielen,
weil er nicht schwimmen konnte.
Ausserdem war das kleine Krokodil ein boshaftes Kerlchen.
Wenn es Winzig sah, verspottete es ihn.

„Bist du ein Elefant oder ein Schwein?", sagte es.
„Ich weiss, was du bist! Ein Schweinefant! Haha!
Ein Elefantenschweinchen!
Kleines, dickes Elefantenschweinchen!
Elefantenschweinchen!"

Winzig wurde dann zornig und bespritzte das Krokodil mit Wasser.
Nachher war er immer sehr traurig.
Eines Tages,
als ihn das Krokodil wieder einmal ausgelacht hatte,
ging Winzig weit in die Steppe hinein.
Er wollte allein sein.

Da entdeckte er in der Nähe eines Sandhügels
seltsame Spuren.
Die Fussspuren sahen wie seine aus,
waren aber viel grösser.
Ein grosser Elefant musste hier
vorbeigekommen sein.

Erwin Moser

EINE NEUE IN DER KLASSE

Ich
würde
mich
am
liebsten
verstecken.
Alle
starren
mich
an.
Lacht
die
mich
aus?
Ich
würde
am
liebsten
im
Boden
versinken...

Die ist aber schüchtern.

Du wärst auch schüchtern, wenn du da vorne stehen würdest.

Sie sieht nett aus.

Grüss dich. Ich bin die Petra.

Aliki Brandenberg

Sofie und Olli holen Axel, Renate und den dicken Bernd

Sofie und Olli haben Angst vor dem Heimweg.
Gestern waren vor dem Fotoladen zwei Jungen.
Die haben Sofie und Olli geärgert und geboxt.
„Olli, was sollen wir tun?"
„Ich weiss was", sagt Olli.
Er holt Axel, Renate und den dicken Bernd aus der zweiten Klasse.
Jetzt sind sie fünf.
Vor dem Fotoladen warten die beiden Jungen wieder.
Auf einmal drehn sie sich um und gucken ins Schaufenster.
Sofie ruft: „Bäh!"
„Nicht!", sagt Olli. „Die können auch Verstärkung holen."
Bernd lacht. „Aber heute sind die mal die Dummen."

Peter Härtling

Die Eule

1

„Schau!", sagt Manuel zu Didi.
„Die Sträucher dort hinten sehen aus wie fliehende Ungeheuer!"

4

Dann finden sie eine zerzauste Sonnenblume.
„Sie könnte eine verzauberte Waldfrau sein", sagt Didi.

2

Didi zeigt Manuel einen alten Baum.
„Sieht er nicht aus wie ein uralter Geist?"
„Tatsächlich!", bestätigt Manuel.

3

„Und dieser Heuhaufen!
Didi, schau, er hat Ähnlichkeit
mit einem Mammut!"

5

Am Abend entdecken sie einen Felsen.
„Wie eine Eule sieht dieser Felsen aus!",
ruft Manuel.

6

Der „Felsen" schlägt seine Augen auf
und breitet die Flügel aus.
„Ihr braucht wohl Brillen!", sagt er.
„Ich bin eine Eule!"

Erwin Moser

Meine Schätze

Rebecca:

Ich habe einen Stein, der sieht aus wie eine Rose.
Den hat meine Mama in der Wüste gefunden.
Sie hat ihn mir geschenkt.
Die meisten Steine habe ich draussen gefunden.
Ein paar habe ich auch gekauft.
Das ist mein Lieblingsstein.
Er glitzert so schön.

Özlem:

Ich sammle Stofftiere.
Am liebsten mag ich Paare.
Ich habe Waschbären-Zwillinge
und die beiden Hasen.
Sie heissen Hasi und Haseline.
Hasi hat ein kaputtes Auge.
Ich habe ihn mal hinter dem Ofen versteckt.
Da ist sein Auge geschmolzen.

Christoph:

Ich hebe alles auf, was ich auf der Strasse finde.
Viele Dinge kann man noch gebrauchen.
Man kann damit bauen und spielen.
Das Stofftier habe ich im Park gefunden.
Da habe ich die Wäscheklammer
und die Sonnenbrille dazugetan.
So sieht es lustig aus.
Manchmal will meine Mutter den Krimskrams
wegschmeissen. Aber da sage ich nein!

Welche Schätze sammelst du?

Ich schenk dir …

Ich schenk dir eine weisse Wolke
hoch am Himmel dort.
Ich wünsch dir was!
Was ist denn das?
Es ist ein Zauberwort.

Ich schenk dir einen Kieselstein,
den ich am Wege fand.
Ich wünsch dir was!
Was ist denn das?
Ich schreib's in deine Hand.

Ich schenk dir einen Luftballon,
er schwebt ganz leicht empor.
Ich wünsch dir was!
Was ist denn das?
Ich sag's dir leicht ins Ohr!

Ich schenke dir ein Kuchenherz,
drauf steht: „Ich mag dich so!"
Ich wünsch dir was!
Was ist denn das?
Jetzt weisst du's sowieso!

Dorothée Kreusch-Jacob

Ich schenke dir …

Adriano spricht zwei Sprachen

Ich durfte heute mit den Martinis in den Zoo gehen.
Die Martinis,
das sind Herr und Frau Martini,
mein Freund Adriano
und seine kleine Schwester Sabina.
Adrianos Opa und Oma sind vor vielen Jahren
nach Deutschland gekommen.
Die Eltern von Adriano haben eine Pizzeria.
Heute ist Ruhetag.

Im Zoo war an diesem Tag viel los.
Sabina konnte sich von den Affen nicht trennen.
„Vieni qua, Sabi, andiamo dalle giraffe!"
Adriano spricht so gut deutsch wie ich.
Heute habe ich zum ersten Mal gehört,
wie er italienisch spricht.
„Was hast du eben gesagt?", wollte ich wissen.
„Meine Schwester soll schnell machen,
weil wir noch zu den Giraffen wollen."

„Giraffe habe ich verstanden", sagte ich zu Adriano.
„Italienisch ist gar nicht so schwer,
ich versuche es einfach:
Krokodil heisst wohl krokodilo, oder?"
„Nicht ganz!", lachte Adriano.
„Aber du bist schon ganz nahe dran.
Das Krokodil heisst: il coccodrillo."

Auf dem Weg nach Hause wiederholte ich
unseren Zoo noch einmal.
Mühsam nannte ich die Tiere, die Adriano so leicht
in zwei Sprachen hersagen konnte.

L'elefante ist der Elefant.
La zebra ist das Zebra.
Il pappagallo ist der Papagei.
Il leone ist der Löwe.
La giraffa ist die Giraffe.
Il coccodrillo ist das Krokodil.

nach Manfred Hahn

Auf der Wiese

Nach dem Spaziergang zur Wiese
informieren sich die Kinder
über Pflanzen und Tiere,
die sie dort entdeckt haben.

Klee   Glockenblume   Mohnblume

Löwenzahn   Gänseblümchen   Margerite   Gräser

Sammelt auch Informationen
zur Wiese.
Macht eine Ausstellung.

Ihr könnt
ein eigenes Wiesenbuch gestalten.

1. Trocknet und presst einzelne Blumen und Gräser,
   die bei euch auf der Wiese wachsen.

2. Klebt sie auf ein festes Blatt
   oder einen Karton.

3. Schreibt den Namen der Pflanze auf.

4. Sucht Informationen über die Pflanze
   und schreibt sie dazu.

5. Bindet eure Blätter
   zu einem Wiesenbuch zusammen.

Noemi ist blind

Der Wecker klingelt.
Wie spät ist es?
Noemi öffnet die Augen.
Aber sie kann trotzdem nichts sehen.
Noemi ist blind.
Mit den Fingern tastet sie den Wecker ab.
Er hat kein Glas vor dem Zifferblatt.
Das ist nämlich ein Wecker für Blinde.
Noemi fühlt, wie spät es ist.
Höchste Zeit zum Aufstehen.
Noemi kann sehr viele Sachen selber machen.
Sie streicht sich ein Frühstücksbrot
und sie schenkt sich Milch ein.
Läuft die Milch über?
Ach was!
Noemi steckt einfach ihren Finger in den Becher.
Dann spürt sie, wann er voll ist.

Lisa braucht eine Brille

Lisa sitzt in der Klasse. Sie schaut an die Tafel.
Sie kneift die Augen zusammen.
Irgendetwas stimmt da nicht.
Lisa kann das alles nicht richtig erkennen:
die Bilder nicht und auch die Wörter nicht.
Lisa geht zu ihrer Lehrerin und sagt:
„Ich kann nicht gut sehen."

In der nächsten Woche fragen die Kinder auf dem Schulhof:
„He Lisa, hast du eine Brille? Lass mal sehen!"
Felix möchte Lisas Brille aufsetzen. Ist das witzig!
„Durch die Brille sieht man ja alles ganz verschwommen",
wundert sich Felix.
„Ich aber nicht!", antwortet Lisa. „Das ist meine Brille.
Und ich kann damit alles scharf sehen, auch an der Tafel."

Feier-Abend

Papa ist Elektriker.
Er arbeitet
den ganzen Tag.

Morgens ist Papa
in der Firma
und repariert
eine Lampe.

Dann geht Papa
mit dem Werkzeug
in die Wäscherei
und repariert
eine Bügelmaschine.

Dann geht Papa
mit dem Werkzeug
in den Supermarkt
und legt eine Leitung
für eine Tiefkühltruhe.

Dann geht Papa
mit dem Werkzeug
zu Frau Oster
und repariert
eine Steckdose.

Dann baut Papa
an der Haustür
von Frau Oster
eine Sprechanlage ein.

Dann geht Papa
mit dem Werkzeug
in die Firma.
Papa repariert noch
ein Heizkissen
und einen Föhn.

Abends geht Papa
ohne Werkzeug
nach Hause.
Papa hat frei.

Mama wartet schon
auf Papa.
Im Wohnzimmer
brennt kein Licht.
Papa soll
die Lampe reparieren.

Aber Papa
zündet Kerzen an.
„Wie gemütlich!",
sagt Julia.
„Feier-Abend!",
sagt Papa.

Ute Andresen

Die kleine Maus sucht einen Freund

Die kleine Maus war einsam und allein.
Sie wünschte sich nichts lieber als einen Freund.

Darum lief sie von Tier zu Tier
und fragte:
„Wollen wir Freunde sein?"

„Nein", wieherte das braune Pferd und graste weiter.

Da lief die Maus zum nächsten Tier
und fragte:
„Wollen wir Freunde sein?"

„Nein", klapperte das Krokodil mit seinen scharfen Zähnen
und auch das Vögelchen auf seinem Rücken zwitscherte:
„Nein!"

Da lief die Maus zum nächsten Tier
und fragte:
„Wollen wir Freunde sein?"

„Nein", brüllte der Löwe und schüttelte seine Mähne.

Da lief die Maus zum nächsten Tier …

Ob die kleine Maus einen Freund findet?

Idee und Bilder: Eric Carle
Text: Viktor Christen

Nein, du kannst nicht fliegen.

Nein, du bist so winzig.

Nein, du kannst ja nicht schwimmen.

Willst du mein Freund sein?

Ja, ich will dein Freund sein.

Nein, du bist zu klein.

Hans im Glück

Hans hatte sieben Jahre bei seinem Herrn gedient.
Zum Lohn bekam er eine riesige Kugel aus Gold.
Er wickelte die Kugel in ein Tuch
und machte sich auf den Weg nach Hause.

Da kam ihm ein Reiter entgegen.
„Ach!", rief Hans laut. „Wie ist das Reiten schön!"
Da sagte der Reiter: „Willst du tauschen?
Ich gebe dir mein Pferd
und du gibst mir deine Goldkugel."

Hans war froh, als er auf dem Pferd sass.
Aber das Pferd lief immer schneller
und warf Hans ab.
Ein Bauer kam mit seiner Kuh daher.
Hans rief: „Wie froh wäre ich,
wenn ich so eine Kuh hätte!"

Da sagte der Bauer: „Lass uns tauschen.
Ich gebe dir meine Kuh
und du gibst mir dein Pferd."
Fröhlich trieb Hans die Kuh vor sich her.

Die Sonne schien heiss.
Hans bekam grossen Durst.
So stellte er seinen Hut unter die Kuh
und wollte sie melken.
Doch die Kuh gab ihm einen solchen Tritt,
dass er hinfiel.

Da kam ein Metzger
mit einem Schwein daher.
Der Metzger sagte: „Lass uns tauschen.
Ich gebe dir mein Schwein
und du gibst mir deine Kuh."
Fröhlich zog Hans mit dem Schwein weiter.

Da traf er einen jungen Mann
mit einer schönen, weissen Gans.
Der Mann sagte: „Im Dorf wurde
ein Schwein gestohlen. Warst du das?"
Da bekam Hans Angst.
Der Mann sagte: „Lass uns tauschen.
Ich gebe dir meine Gans
und du gibst mir dein Schwein."
So ging Hans mit der Gans weiter.

Im nächsten Dorf traf Hans einen Scherenschleifer.
Der sagte: „Du solltest Schleifer werden.
Da wirst du reich. Nimm meinen Schleifstein
und gib mir deine Gans.
Das bringt dir Glück, lieber Hans."
Da gab ihm Hans die Gans und ging fröhlich weiter.

Bald aber wurde Hans müde und durstig.
Er konnte den schweren Stein kaum noch schleppen.
Da sah er einen Brunnen.
Vorsichtig legte er den Stein auf den Rand
und beugte sich zum Wasser.
Da plumpste der Stein in den Brunnen.
Hans war froh, dass er den schweren Stein los war.
Fröhlich ging er nach Hause.

nach Gebrüder Grimm

Rotkäppchen

Es war einmal ein Mädchen,
das wurde von allen Leuten Rotkäppchen genannt.

Eines Tages sagte seine Mutter:
„Rotkäppchen, geh hinaus zur Grossmutter
und bring ihr Kaffee und Kuchen.
Aber geh nicht vom Weg ab
und komm wieder heim, bevor es dunkel ist."

Rotkäppchen nahm den Korb mit Kaffe und Kuchen
und machte sich auf den Weg.

Als es schon ein ganzes Stück gegangen war,
kam plötzlich der Wolf.
„Wohin gehst du", fragte er.
„Zu meiner Grossmutter", antwortete Rotkäppchen.
„Wo wohnt deine Grossmutter?"
Rotkäppchen überlegte nicht lange und sagte:
„Du musst bis zur grossen Eiche laufen.
Dann siehst du rechts ein kleines Haus am Waldrand.
Da wohnt sie, meine Grossmutter."

Der Wolf lief schnell davon.
Rotkäppchen aber ging singend in die andere Richtung,
denn in dem kleinen Haus am Waldrand
wohnte in Wirklichkeit der Jäger.

Manfred Mai

Rothkäppchen.

Der Regenbogenfisch

Weit draussen im Meer lebte ein Fisch.
Er war der allerschönste Fisch im ganzen Ozean.
Seine Schuppen schillerten in allen Regenbogenfarben.
Die anderen Fische bewunderten seine schillernden Schuppen.
Sie nannten ihn Regenbogenfisch.

„Komm, Regenbogenfisch! Komm, spiel mit uns!"
Aber der Regenbogenfisch glitt stumm und stolz an ihnen vorbei
und liess seine Schuppen glitzern.

Ein kleiner blauer Fisch schwamm hinter ihm her.
„Regenbogenfisch, Regenbogenfisch, warte auf mich!
Gib mir doch eine von deinen Glitzerschuppen.
Sie sind wunderschön und du hast so viele!"

„Mach, dass du fortkommst!", rief der Regenbogenfisch.

Erschrocken schwamm der kleine blaue Fisch davon.
Von da an wollte keiner der Fische mehr etwas
mit dem Regenbogenfisch zu tun haben.
Jetzt war er der einsamste Fisch im ganzen Ozean!

Eines Tages klagte er dem Seestern sein Leid.
„Ich bin doch schön. Warum mag mich niemand?"

„In einer Höhle in den Korallen
wohnt der weise Tintenfisch Oktopus.
Vielleicht kann er dir helfen", riet ihm der Seestern.

Der Regenbogenfisch fand die Höhle.
„Die Wellen haben mir deine Geschichte erzählt",
sagte Oktopus. „Höre meinen Rat:
Schenke jedem Fisch eine deiner Glitzerschuppen."

„Aber …", wollte der Regenbogenfisch noch sagen,
doch da war Oktopus schon verschwunden.

Wie könnte ich ohne sie glücklich sein?
Niemals! Nein.
Meine schönen Schuppen verschenken?

    Plötzlich spürte er Flossen neben sich.
    Der kleine blaue Fisch war wieder da!
    „Regenbogenfisch, bitte sei nicht böse.
    Gib mir doch eine kleine Glitzerschuppe."

Der Regenbogenfisch zögerte.
Eine ganz kleine Glitzerschuppe, dachte er,
na ja, die werde ich kaum vermissen.

„Vielen, vielen Dank!",
blubberte der kleine blaue Fisch.
„Du bist lieb, Regenbogenfisch."

    Es dauerte gar nicht lange,
    bis der Regenbogenfisch
    von anderen Fischen umringt war.
    Alle wollten eine Glitzerschuppe haben.
    Und siehe da,
    der Regenbogenfisch verteilte
    seine Schuppen.
    Und er wurde dabei
    immer vergnügter.

Schliesslich blieb
dem Regenbogenfisch
nur noch eine einzige
Glitzerschuppe.
Alle anderen hatte er
verschenkt.
Und er war glücklich,
glücklich wie nie zuvor!

Marcus Pfister

Im Herbst

Blätter fallen

Falle,
falle,
gelbes Blatt,
rotes Blatt,
bis der Baum
kein Blatt mehr hat,
weggeflogen alle.

Lisa Bender

Sankt Martin

1. Durch die Strassen auf und nieder
leuchten die Laternen wieder:
rote, gelbe, grüne, blaue.
Lieber Martin, komm und schaue.

2. Wie die Blumen in dem Garten
blühn Laternen aller Arten:
rote, gelbe, grüne, blaue.
Lieber Martin, komm und schaue.

3. Und wir gehen lange Strecken
mit Laternen an den Stecken:
rote, gelbe, grüne, blaue.
Lieber Martin, komm und schaue.

Melodie: Richard Rudolf Klein
Text: Lieselotte Holzmeister

Am Tage von Sankt Barbara

Am Tage von Sankt Barbara,
da geht das Jahr zur Neige.
Dann trag ins Haus, von fern und nah,
die kahlen Kirschbaumzweige.

Am Tage von Sankt Barbara,
stell Zweige in die Zimmer.
Dann lacht zur Weihnacht, hier und da,
ein weisser Blütenschimmer.

James Krüss

Zum 6. Dezember

Holler, boller, Rumpelsack,
Niklaus trägt ihn huckepack,
Weihnachtsnüsse, gelb und braun,
runzlig, punzlig, anzuschaun.
Knackt die Schale, springt der Kern,
Weihnachtsnüsse ess ich gern.
Komm bald wieder in dies Haus,
guter, alter Nikolaus.

Albert Sergel

Kerzenspiel

1. Kind
Seht die erste Kerze brennt.
Kommt, wir feiern den Advent.
Meine Kerze leuchtet weit
und vertreibt die Dunkelheit.
Seht, die erste Kerze brennt,
und wir feiern den Advent.

2. Kind mit seiner Kerze
Zündet jetzt die zweite an.
Freut euch alle mit daran.
Mit des hellen Lichtes Schein
zieht die Freude bei uns ein.

1. und 2. Kind
Seht, die zweite Kerze brennt,
und wir feiern den Advent.

3. Kind mit seiner Kerze
Seht, drei Kerzen brennen schon.
Gott schickt Jesus, seinen Sohn,
zu uns in die Welt hinein.
Er wird immer bei uns sein.

1., 2. und 3. Kind
Seht, die dritte Kerze brennt,
und wir feiern den Advent.

4. Kind mit seiner Kerze
Ganz behutsam und zuletzt
zünd ich an die vierte jetzt.
Macht euch alle nun bereit:
Weihnachten ist nicht mehr weit!

Alle vier Kinder mit den Kerzen
Seht, die vierte Kerze brennt,
und wir feiern den Advent.

Alle Kinder mit Kerzen
Kommt ganz nah zu uns heran.
Zündet eure Kerzen an.
Tragt das helle Licht hinaus,
tragt es bis zu euch nach Haus,
dass es immer in euch brennt!
Ja, wir feiern den Advent!

Rolf Krenzer

Die drei Spatzen

In einem leeren Haselstrauch
da sitzen drei Spatzen Bauch an Bauch.

Der Erich rechts und links der Franz
und mitten drin der freche Hans.

Sie haben die Augen zu, ganz zu,
und obendrüber, da schneit es, hu!

Sie rücken zusammen dicht an dicht.
So warm wie der Hans hat's niemand nicht.

Sie hör'n alle drei ihrer Herzlein Gepoch.
Und wenn sie nicht weg sind, so sitzen sie noch.

Christian Morgenstern

Der Schneemann ist ein dicker Mann
pff – pff – pff
hat einen weissen Mantel an
pff – pff – pff.

Er ist so rund, wiegt hundert Pfund.
Doch wenn die liebe Sonne scheint,
dann wird er klein,
so klein,
so klein.

Hanna Hanisch

Şeker Bayramı

Liebe Nina,

mit unseren Eltern haben wir
das Zuckerfest gefeiert.
Wir feiern es,
wenn das Fasten zu Ende ist.
Wer fastet, darf am Tag nichts essen
und trinken.
Am Zuckerfest sind dann alle froh.
Nun darf man wieder am Tag essen
und trinken.

Nalan   Adnan   Erol

Şeker heisst **Zucker**
Bayramı heisst **Fest**

Das Zuckerfest

Das Zuckerfest wird jedes Jahr
nach dem Fastenmonat Ramadan gefeiert.
In der Türkei dauert das Zuckerfest drei Tage.
An diesen Tagen besuchen die Menschen die Moschee.
Danach gibt es gutes Essen mit Süssigkeiten.
Darum heisst es Zuckerfest.
Dann besuchen sich alle gegenseitig
und wünschen ein gutes Fest.
Dabei küssen die Kinder den Erwachsenen die Hände
und die Erwachsenen küssen den Grosseltern die Hände.
Dies ist ein Zeichen der Achtung.
Als Geschenk bekommen die Kinder
von den Geküssten Süssigkeiten oder Geldstücke.

Schnaddel di daddel

Schnaddel di daddel di duddel di daum
Am Bach auf der Wiese, da steht ein . . .

Schnaddel di daddel di duddel di donne
Jetzt ist es Frühling und warm scheint die . . .

Schnaddel di daddel di duddel di dast
Blätter und Zweige wachsen am . . .

Schnaddel di daddel di duddel di dogel
Auf den Baum setzt sich eines Morgens ein …

Schnaddel di daddel di duddel di dest
Im Baumwipfel baut sich der Vogel ein …

Schnaddel di daddel di duddel di deier
ins Nest legt der Vogel drei kleine …

Schnaddel di daddel di duddel di dabel
Bald schlüpfen die Jungen und öffnen den …

Schnaddel di daddel di duddel di datze
Eines Abends schleicht über die Wiese 'ne …

Schnaddel di daddel di duddel di damm
Um die Küken zu fressen, erklimmt sie den …

Schnaddel di daddel di duddel di deige
Ganz kräftig schüttelt der Baum seine …

Schnaddel di daddel di duddel di diese
Erschreckt springt die Katze zurück auf die …

Schnaddel di daddel di duddel di dach
Die Katze flüchtet schnell über den …

Schnaddel di daddel di duddel di daum
„Dankeschön", piepst es ganz hoch aus dem …

KNISTER

Neues Leben

Die Henne brütet.
Wenn das Küken im Ei gross genug ist, wird es ihm sehr eng.

Erst pickt es mit dem Schnabel ein kleines Loch in die Eierschale.

Das Loch wird grösser und grösser.

Das Küken braucht all seine Kraft und knackt die Eierschale.

Das Küken ist müde und noch nass und klebrig.

Nun sind die Federn trocken und das Küken kann laufen.

Ostereier

Gäbe es kein Ei,

so gäbe es keinen Brei,

keine Streitereien,

kein Geschrei.

Es gäbe keinen Stein,

kein Bein,

und nichts wäre klein.

Es gäbe keine Meise

und es wäre niemals leise.

Es gäbe keine Arbeit und keine Eile,

aber auch keine Langeweile.

Meine Mama

> Ich mag meine Mama.
> Sie ist ganz lieb zu mir.
> Sie hilft mir immer
> und weckt mich
> morgens lieb auf.
>   Deborah

Ich freue mich,
wenn ich dich seh,
ich finde dich so nett,
ich schenke dir
mein **H** und **E**,
mein **R** und auch mein **Z**.
Dein Thomas

Frantz Wittkamp

Meine liebe Mutter du,
ich will dir Blumen schenken.
Was ich dir sagen will dazu,
das kannst du dir schon denken:

Ich wünsch dir Glück und Fröhlichkeit,
die Sonne soll dir lachen!
So gut ich kann und allezeit
Will ich dir Freude machen.

Denn Muttertage, das ist wahr,
die sind an allen Tagen.
Ich hab dich lieb das ganze Jahr!
Das wollte ich dir sagen.

Ursula Wölfel

Urlaubsreise

Herr Ameis sprach zur Ameisin:
„Wo fahren wir im Urlaub hin?"

Frau Ameisin zum Ameis sprach:
„Ich denk, da denken wir mal nach."

Herr Ameis meinte seinerseits:
„Wie wäre es denn mit der Schweiz?"

Dann schlug er vor: Ecuador.
Kalkutta, Kairo, Ratibor,

Belutschistan, Südafrika,
Peru, New York und Kanada –

worauf Frau Ameisin entschied:
„Genug, wir bleiben in Neuwied",

(da wohnen sie schon lange Zeit),
„denn alles andre ist zu weit."

Rudolf Otto Wiemer

Der Regenbogen

Ein Regenbogen,
komm und schau!
Rot und orange,
gelb, grün und blau!

So herrliche Farben
kann keiner bezahlen,
sie über den halben
Himmel zu malen.

Ihn malte die Sonne
mit goldener Hand
auf eine wandernde
Regenwand.

Josef Guggenmos

Ich

Ich kann rennen,
tanzen, springen,
kann ein Lied
mit sieben Strophen
singen.

Ich kann weinen
und kann lachen,
kann Handstand und
ein bisschen Salto
machen.

Ich kann verstehen,
was du meinst,
kann dich trösten,
wenn du
weinst.

Ich kann dir
eine Pizza backen,
und wenn du müde bist,
dann kraul ich deinen
Nacken.

Anne Steinwart

Inhaltsverzeichnis

Analyse   **Ganzwörter**

	Alle Kinder haben einen Namen	`Wo` `ist` `der` `Bär` `Tiger` `Ina`	2
	■ Tiger und Bär stellen sich vor		4
I i	Mein Name hat verschiedene Buchstaben	`und` `Ali`	6
A a	Ich bin, ich mag	`Ich` `bin` `mag` `dich`	8
L l	So lernen wir einen Buchstaben kennen	`sucht`	10
	■ Was Tiger und Bär jeden Tag machen		12
U u	Mein Tag	`Der`	14
T t	Wo ist der Tiger?		16
	■ Tiger und Bär gehen in die Schule		18
N n	Nina und Till besuchen Nalan	`die` `suchen`	20
O o	Ein gesundes Frühstück	`holt`	22
S s	Ballspiele		24
	■ Tiger und Bär im Strassenverkehr		26
M m	Ein Geschenk für Mama		28
E e	Tierrätsel		30
R r	Rate, rate und rate!		31
D d W w	Die Wunderdose	`für` `danke` `findet`	32
F f Ei ei	Wir feiern ein Lesefest		34
	■ Tiger braucht ein Fahrrad		36
P p	Mein Papa		38
Pf pf	Pippi		39
K k	Konnis Kalender		40
ck	Was denkt Nicki?		41
Au au	Kauf ein im Reimemarkt!		42
B b	Im Supermarkt		43
	■ Tiger hat Geburtstag		44
H h	Hundert Hasen hoppeln hin und her		46
ie	Frieder		47
ch	Krach im Dach		48
V v	Die geheime Nachricht		49
Ä ä Ö ö Ü ü	Wenn der Bär nach Hause kommt		50
	Kennst du diese Bären?		51
Sch sch	Schenk mir eine Schlenkerpuppe!		52
	■ Tiger ist krank		54
G g	Geisterverse		56
ng	Oliver kocht		57
J j	Jans Jacke		58
	Wie heisst das Tier?		59
St st Sp sp	Spass oder Streit?		60
Eu eu	Abenteuer		62
C c Ch	Geschichten von uns		64
X x	Brix, brax, brex		66
Y y	Schön gruselig		67
Z z	Wem tut kein Zahn weh?		68
tz	Zähneputzen		69
Äu äu	Eine Mäusekindergeschichte		70
Qu qu	Das neue Haustier		71
	■ Post für den Tiger		72
	Würfelspiel		76

Texte zum weiterführenden Lesen	Die Geschichte vom kleinen Gespenst	78
	Hannes lässt die Fetzen fliegen	80
	Rote Tomaten	82
	Winzig sucht seine Eltern	84
	Eine Neue in der Klasse	86
	Sofie und Olli holen Axel, Renate und den dicken Bernd	87
	Die Eule	88
	Meine Schätze	90
	Ich schenk dir …	91
	Adriano spricht zwei Sprachen	92
	Auf der Wiese	94
	Noemi ist blind	96
	Lisa braucht eine Brille	97
	Feier-Abend	98
	Die kleine Maus sucht einen Freund	100
	Hans im Glück	102
	Rotkäppchen	104
	Der Regenbogenfisch	106
Texte zum Fest- und Jahreskreis	Im Herbst	108
	Sankt Martin	109
	Am Tage von Sankt Barbara	110
	Zum 6. Dezember	111
	Kerzenspiel	112
	Die drei Spatzen	114
	Der Schneemann ist ein dicker Mann	115
	Şeker Bayramı – Das Zuckerfest	116
	Schnaddel di daddel	118
	Neues Leben	120
	Ostereier	121
	Meine Mama	122
	Urlaubsreise	123
	Der Regenbogen	124
	Ich	125
	Inhaltsverzeichnis	126
	Quellen	128

Hinweis zum Leselehrgang	■ Die gelb gekennzeichneten Janosch-Seiten von Tiger und Bär (Fibelseiten 4/5, 12/13, 18/19, 26/27, 36/37, 44/45, 54/55 und 72–75) sind zum Vorlesen oder als Differenzierungsangebot gedacht.

Zu diesem Erstlesewerk gehören:

Arbeitsheft
68 S., DIN A4, einfarbig, perforiert,
illustriert von Ute Krause 5641

Buchstabenheft
64 S., DIN A4, einfarbig,
illustriert von Ute Krause 5642

Lehrerband mit Kopiervorlagen
416 S., DIN A4 45855

Leselernspielsachen für das 1. Schuljahr
14 Spiele mit Leselernübungen 45859

Anlautposter
vierfarbig, A0, gefalzt 45860

CD Lieder für den Anfangsunterricht
ca. 50 Minuten, 16 Lieder, Texte und
Noten im Kommentarband 45858

Handpuppe „Kleiner Tiger" 45700

Handpuppe „Kleiner Bär" 45701

Stempelsatz „Tiger und Bär" 45862

Das Papier dieser Ausgabe ist chlorfrei gebleicht
und enthält einen hohen Recycling-Anteil.

© 2001
Oldenbourg Schulbuchverlag GmbH, München
www.oldenbourg-bsv.de

© 2001 Ausgabe Schweiz
Scola Verlag, Zürich
Oldenbourg Schulbuchverlag GmbH, München

Das Werk und seine Teile sind urheberrechtlich geschützt.
Jede Verwertung in anderen als den gesetzlich zugelassenen
Fällen bedarf deshalb der schriftlichen Einwilligung des Verlags.

1. Auflage 2001 R E

Druck   05 04 03 02 01
Die letzte Zahl bezeichnet das Jahr des Drucks.
Alle Drucke dieser Auflage sind untereinander unverändert
und im Unterricht nebeneinander verwendbar.

Lektorat: Ute Busche, Ursula Händl-Sagawe
Projektleitung Ausgabe Schweiz: Heinrich M. Zweifel
Herstellung: Thomas Rein, München
Umschlagkonzept: Mendell & Oberer, München
Umschlaggestaltung: Wolfgang Rudelius
Satz: Horst Gerbert Layoutsatz-Repro, Haar b. München
Reproduktion: Satz + Litho Sporer KG, Augsburg
Druck: R. Oldenbourg Graph. Betriebe Druckerei GmbH,
München

ISBN 3-908256-40-2   Bestell-Nr. **5640**

Text- und Bildquellenverzeichnis

Vorsatz: Fotos 1-3, 7, 8, 10, 11-15 Bernd Hagemann, München; 4, 18 Brigitte Corell, München; 5, 6, 16, 22–26 Ben Busche, München; 18 Bildagentur Mauritius, Mittenwald, fm; Fotos Handpuppen Tiger und Bär Dietmar Schell, München; S. 4, 5, 12, 13: Janosch, Oh, wie schön ist Panama, Beltz Verlag, Weinheim und Basel, Programm Beltz & Gelberg, Weinheim 1978; S. 18, 19: Janosch, Originalbeitrag; S. 26, 27: Janosch, Tiger und Bär im Strassenverkehr, Diogenes Verlag AG Zürich 1990; S. 36, 37: Janosch, Der kleine Tiger braucht ein Fahrrad, Diogenes Verlag AG Zürich 1992; S. 39: Illustration Rolf Rettich, in: Astrid Lindgren, Pippi Langstrumpf, Friedrich Oetinger Verlag, Hamburg; S. 42: Kauf ein im Reimemarkt, nach: Friedl Hofbauer, in: spielen und lernen Jahrbuch 1989, Velber Verlag, Seelze; S. 44, 45: Janosch, Originalbeitrag; S. 46: Hundert Hasen hoppeln ..., nach: Dagmar Binder, in: Mücki und Max Heft 3, 1993, Universum Verlagsanstalt, Wiesbaden; S. 47: Frieder, nach: Flohkiste I 6/93, Domino Verlag, München; S. 50: Wenn der Bär nach Hause kommt, nach: Frantz Wittkamp, Originaltext in: H.-J. Gelberg (Hrsg.), Überall und neben dir, Beltz Verlag, Weinheim und Basel, Programm Beltz & Gelberg, Weinheim 1986; S. 52, 53: Schenk mir eine Schlenkerpuppe, nach: Sabine Lohf, in: spielen und lernen Jahrbuch 1980, a. a. O.; S. 51: Foto 1 Okapia Frankfurt, L. Martinez; Foto 2 Silvestris, Kastl, Rudolf Höfels; Foto 3 Silvestris, Kastl, Prenzel; S. 54, 55: Janosch, Ich mach dich gesund, sagte der Bär, Diogenes Verlag AG Zürich 1985; S. 56: Hermann Krekeler/Bernd Eilert, Dem Geist erschien ..., in: spielen und lernen Jahrbuch 1986, a. a. O.; S. 59: Foto 1 Jan van de Kam, in: Kleine Tiere, Saatkorn Verlag, Hamburg; Foto 2 Dick Klees, Duiven, Niederlande; S.60: Fotos Bernd Hagemann, München; S. 62, 63: Paul Maar, Das kleine Känguru auf Abenteuer, Friedrich Oetinger Verlag, Hamburg 1999; Illustrationen Paul Maar; S. 66: Alte Hex von Binsen, in: Susanne Stöcklin-Meier, Eins, zwei, drei – Ritsche ratsche rei, Otto Maier Verlag, Ravensburg 1992; S. 68: Josef Guggenmos, Wem tut kein Zahn weh, in: 2 mit 4 Beinen, Beltz Verlag, Weinheim und Basel 1990; S. 70: Foto Okapia Frankfurt, T & L. Bomford/Anglia; S. 70: Elisabeth Stiemert, Eine Mäusekindergeschichte, in: Elisabeth Stiemert, Angeführt, angeführt, Stalling Verlag, Oldenburg 1977; S. 71: Das neue Haustier, nach: Flohkiste Heft 15. 3. 93, Domino Verlag, München; S. 72–75: Janosch, Post für den Tiger, Beltz Verlag, Weinheim und Basel, Programm Beltz & Gelberg, Weinheim 1980; S. 76, 77: Detlef Kersten, Als die jungen Wanderratten, in: Kannst du das, was Tiere können, Otto Maier Verlag, Ravensburg 1986; Erwin Moser, Der Tintenfisch, in: Tierisches von A bis Z, Beltz Verlag, Weinheim und Basel, Programm Beltz & Gelberg, Weinheim 1985; Frantz Wittkamp, Was immer auch dagegen spricht, in: Der bunte Hund, Heft 25, April 1990, Beltz Verlag, Weinheim und Basel, Programm Beltz & Gelberg, Weinheim; alle anderen Verse von Michail Krausnick in: Auf dem Kopf stehen und lachen, Otto Maier Verlag, Ravensburg 1985 (Rechte beim Autor); S. 78, 79: Volkmar Röhrig, Die LANGE Geschichte vom kleinen Gespenst, in: Reiner Engelmann (Hrsg.), 1 Klasse Wackelzahn, Verlag Sauerländer, Aarau-Frankfurt/M. 1999; Illustrationen Ute Krause; S. 80, 81: Anne Steinwart, Hannes lässt die Fetzen fliegen, Arena Verlag, Würzburg 1997; Illustrationen Jutta Bauer; S. 82, 83: Ute Andresen, Rote Tomaten, in: spielen und lernen Jahrbuch 1994, a. a. O.; S. 84, 85: Erwin Moser, Winzig geht in die Wüste, Winzig, der Elefant, Beltz Verlag, Weinheim und Basel, Programm Beltz & Gelberg, Weinheim 1987, 1985; Illustrationen Erwin Moser; S. 86: Aliki Brandenberg, Eine Neue in der Klasse, in: Gefühle sind wie Farben, Beltz Verlag, Weinheim und Basel, Programm Beltz & Gelberg, Weinheim 1987; Illustration Aliki Brandenberg; S. 87: Peter Härtling, Sofie und Olli holen Axel..., in: Sofie macht Geschichten, Beltz Verlag, Weinheim und Basel, Programm Beltz & Gelberg, Weinheim 1980; S. 88, 89: Erwin Moser, Manuel und Didi, Die Eule, in: Fabulierbuch, Geschichten und Bilder, Beltz Verlag, Weinheim und Basel, Programm Beltz & Gelberg, Weinheim 1989; Illustrationen Erwin Moser; S. 91: Dorothée Kreusch-Jacob, Ich schenk dir einen Regenbogen, Patmos Verlag, Düsseldorf 1993; S. 92, 93: Adriano spricht zwei Sprachen, nach: Manfred Hahn, in: Zusammen leben und lernen 1, Prögel Praxis Unterrichtsmaterial 174, München 1993, Fotos Toni Angermayer, Holzkirchen; S. 94: Waltraud Baeuerle, MEV, München 1993; S. 95: Umschlagbilder Tessloff Verlag, Nürnberg, Heinrich Ellermann Verlag, Hamburg, Werner Zepf, Bregenz, Gallimard Jeunesse, Paris, kbv, Luzern; S. 96: Noemi ist blind, in: Meine Brille, Saatkorn-Verlag, Hamburg 1990; Foto R. v. Koppenhagen, As Vught, Niederlande; S. 97: Lisa braucht eine Brille, in: Meine Brille, Saatkorn-Verlag, Hamburg 1990, Foto R. v. Koppenhagen, As Vught, Niederlande; S. 98, 99: Ute Andresen, Feier-Abend, in: Papa im Getümmel, Deutscher Taschenbuchverlag, München 1991; Illustrationen Susann Opel-Götz; S. 100, 101: Eric Carle, Die kleine Maus sucht einen Freund, Gerstenberg Verlag, Hildesheim 1991, Textautor: Viktor Christen, Erstveröffentlichung: Stalling Verlag 1971; S. 101: Foto Bernd Hagemann, München; S. 102, 103: Hans im Glück, nach: Gebrüder Grimm; S. 104: Manfred Mai, Rotkäppchen, in: 111 Minutengeschichten, Otto Maier Verlag, Ravensburg 1991; S. 105: Rotkäppchen, nach: Gebrüder Grimm, Bilderbogen Nr. 2368, Verlag und Druck Oemigke & Riemschneider, Neu-Ruppin, um 1890, anonymer Illustrator, in: Jochen Jung (Hrsg.), Märchen, Sagen, Abenteuer-Geschichten, Heinz Moos Verlag, München 1974, Robrahn & Co, Magdeburg; S. 106, 107: Marcus Pfister, Der Regenbogenfisch, Nord-Süd Verlag, Gossau Zürich/Schweiz 1992; Illustrationen Marcus Pfister; S. 108: Foto Bernd Hagemann, München; S. 109: Durch die Strassen..., von der Fidula-Cassette 27, Martinslieder und Laternentänze, Fidula-Verlag Boppard/Rhein und Salzburg; S. 110: James Krüss, Am Tage von Sankt Barbara; in: Der wohltemperierte Leierkasten, C. Bertelsmann Verlag GmbH, München 1961; S. 111: Zum 6. Dezember, © Albert Sergel; Pablo Picasso: Le père noël, © Succession Picasso/VG Bildkunst, Bonn 1996; S. 112, 113: Rolf Krenzer, Das Weihnachtsmusikanten, Lahn Verlag, Limburg; S. 114: Christian Morgenstern, Die drei Spatzen, in: H.O. Proskauer (Hrsg.), Sämtliche Dichtungen, Bd. 1–11, Zbinden Verlag, Basel; S. 115: Hanna Hanisch, Der Schneemann ist ein dicker Mann, in: Hanna und Rolf Hanisch, Wisper-knisper-Tannenzweig, Deutscher Theater Verlag, Weinheim 1971; S. 116: Foto M. Schnakenburg, München; S. 117: Foto Mauritius Bildagentur, Mittenwald, Vidler; S. 118, 119: KNISTER, Schnaddel in der Tinte, in: Von Frühlingsboten und Hasenpfoten, K. Thienemanns Verlag, Stuttgart-Wien 1988; S. 120: Neues Leben, nach: Das Huhn und das Ei, Textautor: Jens Olesen, Übersetzer: Rainer Gabriel Tripp, Dr. Hans Peters Verlag, Hanau-Salzburg-Bern 1989; Fotos Bo Jarner, München; S. 122: Frantz Wittkamp, Ich freue mich, in: H.-J. Gelberg (Hrsg.), Überall und neben dir, a. a. O.; S.123: Rudolf Otto Wiemer, Urlaubsreise, in: Hans-Joachim Gelberg (Hrsg.) Überall und neben dir, a. a. O.; S. 124: Josef Guggenmos, Der Regenbogen, Was immer auch die Maus am Donnerstag?, Georg Bitter Verlag, Recklinghausen 1985; S.125: Anne Steinwart, Ich – Du – Beste Freundin, in: Reiner Engelmann (Hrsg.), 1. Klasse Wackelzahn, a. a. O.; Illustrationen Ute Krause

A a	B b

E e	F f	G g

K k	L l	M m	N n

S s	T t	U u	V v